AF227345

SUITE

DE LA CORRESPONDANCE

ENTRE M. DE VESVROTTE

ET LE RÉDACTEUR DU JOURNAL DE LA COTE-D'OR.

N. B. L'émission de ces lettres a été retardée par des causes particulières.

LETTRE

AU RÉDACTEUR DU SPECTATEUR.

Monsieur, permettez que je vienne consigner dans votre journal des faits auxquels l'incendie de la rue Sainte-Anne a donné lieu.

Le rédacteur du *Journal de la Côte-d'Or* termine ainsi son article qui ne laisse aucun doute sur ses intentions, d'après notre position respective, bien connue par notre correspondance publique.

« On dit qu'un propriétaire voisin a craint de compro-
« mettre sa noblesse, et qu'il a refusé de s'associer aux efforts
« généreux de ses concitoyens.

Moi, je dis pour le maintien, non pas de ma noblesse qui est fort étonnée de se rencontrer ici, mais de mes nobles sentimens :

On est un sot, et Carion un MENTEUR.

En effet, il n'y a qu'un sicaire qui, pour pointer de loin ses coups et sonner le tocsin sur ma personne et mes propriétés, puisse oser, sans preuve et sans renseignemens, me désigner ainsi à la haine et à l'animosité publique que je n'ai jamais méritées.

J'ai passé ma soirée, du onze décembre, à l'autre extrémité de la ville, place Suzon, chez un parent, encore tout ému du danger où je venais à l'instant d'apprendre, que se trouvait une respectable mère de famille qui succomba le lendemain. Ce fut à la place Charbonnerie que j'appris, à dix heures du soir, l'existence du feu. Mon fils et tous mes domestiques, y ont travaillé deux heures. En rentrant chez moi pour y donner des ordres, j'y trouvai ma portière seule ; mon fils ne tarda pas à rentrer en blouse et sans chapeau, et m'apprit que tout était fini. Le lendemain, j'inscrivis le sixième mon nom, comme souscripteur, sur une liste qui me fut présentée en faveur du malheureux incendié Sauvin.

Et vous Monsieur l'ex-supérieur du séminaire, que faisiez-vous pendant ce temps? Vous cherchiez en vain dans votre bibliothèque un traité contre la calomnie, la médisance et le mensonge; il y a long-temps qu'il n'y existe plus. Et, faute de l'avoir trouvé, vous avez occupé votre temps à broyer de la cigüe, et à la détremper dans du fiel.

Dans ce même journal du 16 décembre, vous consacrez encore une de vos colonnes entière, *aux gentillesses de l'intarissable comte de Vesvrotte.* Une chose nous distingue, Monsieur Carion : c'est que ma fécondité s'exprime en vérités, que je ne vous ménage pas, et la vôtre en mensonges dont vous n'êtes pas moins prodigue, j'en ai compté sept dans la colonne précitée. Je me contente, pour le moment de vous les signaler; j'en ajourne les détails, le moment de la discution n'est pas arrivé.

Le COMTE RICHARD DE VESVROTTE.

(Extrait du Spectateur du 23 décembre 1830.)

CORRESPONDANCE

DE M. DE VESVROTTE

AVEC LE RÉDACTEUR DU JOURNAL DE LA COTE-D'OR.

Dijon, le 29 décembre 1830.

Cinquième lettre à M. Carion.

Votre feuille, Monsieur, paraît aujourd'hui mercredi 29, sans que ma réclamation y soit : cela se comprend ; vous avez trois jours, et vous êtes dans votre droit. Je viens néanmoins vous réitérer que j'en exige l'insertion telle qu'elle est, étant, comme je vous l'ai marqué hier, très-déterminé à n'y rien retrancher, et vous serez payé du surplus.

Je ne sais, Monsieur, pourquoi vous êtes venu gauchement vous buter contre moi, qui suis fort inoffensif, mais qui, grâce à Dieu, sais me défendre. Vous me confondez peut-être avec votre impassible confrère le journaliste, que vous vous êtes inhumainement plû à baffouer chaque semaine, sans qu'il vous ait corrigé. Non, Monsieur, je suis d'une toute autre pâte, et vous invite, dans votre intérêt comme dans celui de la paix, à bien méditer ce que je vais vous dire ici, et à vous tenir tranquille.

Vous êtes agresseur avec moi, soit dans l'affaire de Beire, soit dans la parade que vous êtes venu jouer à l'occasion de mon majorat, dans laquelle il ne vous manquait que les grandes lunettes en carton, que l'acteur est dans l'usage d'enfourcher sur son nez dans ce rôle ; vous l'êtes encore dans l'affaire de l'incendie. Il y a plus : vous m'avez calomnié dans un temps où la médisance est de trop.

A toutes ces imprudentes démarches qu'ai-je dit, et quelle a été ma conduite ?

Pour Beire : souple et rampant devant l'autorité administrative, que vous redoutez, vous n'avez osé vous prononcer sur son inactivité honteuse et coupable. Vous insérez dans votre journal la diatribe d'un paysan endimanché, et fier comme un paon en se voyant chamaré de toutes les couleurs, qui vient m'accuser de despotisme, de vexations, et d'avoir administré en pacha, le tout pour se disculper de l'acte le plus illégal et le plus arbitraire, que l'anarchie seule puisse laisser impuni.

Sur mon majorat : vous venez comme un paillasse vous jouer autour de moi, me tirer de grands coups de chapeau, incliner votre front jusqu'à terre, vous prosterner enfin devant M. le comte, pour vous relever ensuite sur la pointe de vos pieds, et nous faire sonner plusieurs fois vos éternels quinze mille francs de cautionnement, à l'instar de ces comédiens ambulans, dont la troupe, composée de deux personnes, se grossit au besoin en courant l'une après l'autre autour d'une des coulisses. Qu'elle a été ma conduite à cet égard? je vous ai regardé avec gravité, et vous ai dit sans humeur : que demandez-vous, Monsieur l'abbé? cette parole vous a fait bondir. Mais ce titre est honorable, pourquoi vous en offensez-vous? il donne entrée partout. Chaque jour je suis abordé par d'anciennes connaissances qui me saluent du titre de président, avec lequel j'ai voyagé dans toutes les cours de l'Europe, avec lequel j'ai été présenté à tous les souverains, dans le temps ou on attachait quelque prix à cela; je me garde donc bien de le répudier, puisqu'il m'a toujours honoré. Il est vrai que je n'ai pas faussé compagnie, et que la mienne et moi nous avons cheminé ensemble jusqu'au bout, frappés du même coup qui nous a anéantis. Pourquoi donc, Monsieur, vous offensez-vous d'un titre qui vous eût procuré les mêmes avantages, en substituant toutefois la qualification de littérateur à celle de journaliste; car à cette époque, ils n'étaient pas en aussi haute réputation qu'ils le sont aujourd'hui, et ils ne gouvernaient pas encore le monde. Il faut, Monsieur, qu'il y ait à cette identité de position et à cette différence de sentimens quelque chose d'inaperçu qui les motive. Voyez, sondez votre conscience de bonne foi, il serait peut-être possible que ce ne fût pas ce titre qui vous choquât, mais les souvenirs qu'ils vous suggèrent.

M. le comte, dites-vous, me reproche de m'être marié. Moi? où voyez-vous cela, jamais je n'en ai parlé. En induisez-vous la conséquence de ce que j'ai cité un bambin qui jouait près de vous? eh, bon Dieu! cela ne peut vous concerner en rien. J'ai vu madame Carion, elle peut bien avoir des rapports avec sainte Elisabeth; mais ne vous imaginez pas, Monsieur, que Dieu veuille renouveler ses miracles en votre faveur; vous ne faites pas assez de frais pour cela. Que vous soyez célibataire ou marié, jamais je ne vous en ai ouvert la bouche, je n'y pense même que quand je trouve dans votre ardent journal quelques articles qui me le rappellent péniblement et le déprisent. Par exemple, quand vous tonnez contre ces vertueux personnages qui sont venus d'une manière si désintéressée nous prodiguer leurs soins et leurs veilles, et auxquels j'ai personnellement conservé un souvenir reconnaissant, je ne sais pourquoi, Monsieur; mais c'est un effet de mon imagination qui conserve encore, malgré mon âge, quelque vivacité. Je crois, lorsque vous les traitez de jongleurs, je crois vous voir en surplis et en bonnet carré; et je me rappelle Luther prêchant contre les indulgences. Voilà, Monsieur, le seul cas où je me rappelle votre prêtrise; car je veux être fouetté si jamais j'y pense quand vous parlez soit de politique, soit du jeu et des grâces de madame Alan, dont je n'ai été que deux ou trois fois témoin, mais qui m'a plue autant qu'à vous.

Sur l'incendie, enfin, je vous ai chauffé de si près, que je crois vous avoir fait rougir. Votre journal de ce jour nous apprend la perte que vient de faire la ville de Beaune de son curé, généralement aimé et respecté, et l'une de mes anciennes connaissances, car elle date du collége où il était maître, et moi écolier. Nous ne faisions pas alors de pétitions, ce n'était point l'usage, si ce n'est pour avoir des congés, et l'abbé Chaussenot, dans ce cas, nous secondait, car vous venez de faire l'éloge de sa bonté et de sa tolérance, qui l'ont accompagné tout le cours de sa vie. Que ne l'avez-vous consulté pour connaître son opinion sur *les jongleries* de l'abbé Rozan, et sur le parti que vous avez pris vous-même? je crois que sa tolérance n'eût pas été assez élastique pour embrasser vos deux opinions.

A l'égard de l'*enterrement* dont vous nous entretenez, vous faites fort bien de donner un coup de pate en passant aux jeunes vicaires beaunois, qui font la petite bouche, et veulent choisir leurs morts. Certes, ils méritent bien d'être tancés : mais leur résistance cependant me fait faire une réflexion. J'ai plusieurs domestiques à mon service; si l'un d'eux devenait frénétique, et qu'il lui prît la manie de se pendre, je me trouverais peut-être assez embarrassé. Cependant comme nous possédons dans notre ville, depuis peu de temps, une église réformée et une synagogue, je pourrais m'adresser indistinctement à l'un ou à l'autre des chefs de ces deux différens cultes, pour les inviter à venir me débarrasser de mon mort. Mais de leur côté, le rabbin juif et M. le pasteur ne pourraient-ils pas refuser de le faire? cela me paraît incontestable. Pourquoi donc messieurs les vicaires beaunois n'auraient-ils pas les mêmes droits que les rabbins et les pasteurs dijonnais? toute réflexion faite, je reviens de mon avis; vous m'avez entraîné par votre éloquence; mais je ne blâme pas les jeunes vicaires, pas même le curé, qui a fait un acte de charité; et si vous êtes juste et tolérant, vous pardonnerez aux premiers tout en exaltant l'estimable caractère de mon vieux professeur.

Du reste, Monsieur, ces sortes d'enterremens, si vous voulez que je vous le dise, ne plaisent pas plus aux tolérans qui consentent à les faire, qu'aux intolérans qui s'y refusent. Il existe toujours là d'anciens canons de l'église qui inquiètent les consciences timorées; vous les regardez comme prescrits; soit, mais ils ne sont pas obligés de vous croire: s'ils adoptaient toutes vos croyances vous les meneriez bien loin, et cependant quoique vous ne soyez pas à vous tout seul un concile, vous avez tous les moyens nécessaires pour concilier toute chose et contenter tout le monde. Si vous voulez adopter mon avis vous ferez disparaître la plus petite protubérance saillante de cette diversité d'opinion et aplanirez tout. Tolérant comme vous dites l'être et conciliant comme tout le monde vous connaît, vous allez me dire, parlez vîte, découvrez-moi ce secret que j'ignore et ce moyen que j'adopte d'avance. Le voici : revêtu du caractère nécessaire à rendre les derniers devoirs aux morts, déclarez que vous vous chargez de faire toutes les inhumations des suicides et autres que les prêtres répugnent de faire, ce sera une bonne épine que vous tirerez du pied des prêtres tolérans et même de ceux qui ne font que permettre ou conseiller, et qui ne demandent pas mieux que de ne pas être consultés. Une seule considération pourrait vous retenir; vous craindrez peut-être, comme quelques-unes de vos pratiques terminent leur vie par la strangulation, que les bonnes femmes mal embouchées ne vous appellent le curé des pendus; mais voyez le vénérable père Jacotot, âgé de plus de 80 ans, que tout le monde aime et respecte, ne l'appelait-on pas le confesseur des pendus; il s'honorait de ce titre : et l'abbé Bernard notre concitoyen, dit le saint prêtre, qui appartenait à l'une des premières familles de cette ville, n'était-il pas dans le même cas quand le cardinal de Richelieu qui l'aimait et l'estimait, lui dit de lui demander une grâce qu'il la lui accorderait; il se borna à le prier de faire remettre une planche au tombereau dans lequel il allait remplir son ministère. Entre ces deux hommes, Monsieur Carion, vous ne pouvez pas vous trouver déplacé. Consacrez-vous donc, Monsieur, à cet intéressant ministère, et vous contenterez bien des intérêts divers. Votre intérêt pécuniaire y gagnera, puisque l'on vient de salarier le rabbin juif, on ne peut plus se refuser à comprendre au budget un prêtre catholique, du moins je le crois ainsi. Ministre sépulchral des suicides ou autres désavoués par les intolérans, comme votre ministère comprendra non-seulement le département, mais s'étendra même au dehors, vous craindriez peut-être que vos absences ne soient préjudiciables à vos 1060 abonnés; pas du tout, car elles seront très courtes, et vous avez un grand avantage sur les autres prêtres qui ne savent jamais quand ils ont un enterrement à faire : vos pratiques au contraire qui fixent elles-même la fin de leur existence, peuvent vous écrire d'avance pour vous indiquer le moment précis où elles auront besoin de votre ministère, de manière que vous arriverez en même temps que l'officier civil, et dans une heure de temps vous pouvez l'un et l'autre remplir vos fonctions de manière à ce que tout disparaisse et que le scandale qui accompagne ordinairement ces sortes d'évènemens soit également nul. Vous voyez donc, Monsieur, quels seraient les heureux résultats de votre dévouement; je ne doute plus que votre détermination ne soit adoptée de toute part et que vous ne deveniez le fondateur d'une institution véritablement utile pour entretenir la paix entre l'église et la société, et que vous mainteniez la tranquillité si souvent troublée à ce sujet. Bref, le mort est enterré, revenons au vivant; c'est de vous, Monsieur le journaliste que je veux parler.

Vous avez un style d'autant plus piquant, que vous laissez, par vos réticences, la curiosité de vos lecteurs en suspens, et toujours dans l'attente de ce que vous prenez plaisir à leur annoncer; mais lorsque l'on soulève la toile, on apperçoit le théâtre entièrement évacué. Je veux parler de ma proclamation de 1823, dont j'ai donné l'entière copie de ce qui concerne le *misérable journal*. Vous avez copie entière de la proclamation, que ne l'imprimiez-vous toute entière? on eût vu que la destitution d'un maire pour un acte de foiblesse, n'a aucun rapport quelconque avec vous; et c'est donc astucieusement, et pour induire le public en erreur, et jeter du louche sur ma franchise et ma sincérité, que vous dites : *du reste, il dissimule la moitié de l'édit qu'il a rendu contre nous en 1823*; ce qui est faux et de toute fausseté; imprimez le reste, et l'on verra s'il y a omission de ma part sur ce qui vous concerne. Voilà ce que j'appelle un des sept mensonges de votre article. C'en est encore un, quand vous ajoutez : *il veut en vain nier, qu'en parlant d'un misérable journal, il voulait parler du nôtre.* Eh! où avez-vous vu cette dénégation, M. Carion? non, non, vous avez deviné parfaitement juste, et je me fais un vrai plaisir de vous le confirmer.

Présentement nous arrivons à votre savante dissertation sur l'art héraldique, et à mon écu, que vous vous plaisez toujours à rappeler, parce qu'il vous met en mesure pour parler encore de vos favoris quinze mille francs, dont vous vous pavanez tant, mais quand vous abordez la devise, vous retombez dans un de vos sept mensonges. Ce n'était pas, dites-vous, le cas, *depuis l'obtention de son titre,* d'ajouter à ses armes cette devise, *virtute non auro.* Voilà Monsieur, le danger de parler sans savoir, on risque de s'égarer et de porter atteinte à la verité; et c'est bien votre cas, car bien loin de prendre cette devise depuis l'obtention de mon titre, je la pris il y a trente ans, sur un cachet que je fis graver à Londres, dans le temps où vous m'aviez ruiné vous et les vôtres; j'avais même changé mes anciens supports qui étaient des aigles, et pris deux griffons, parce qu'à cette époque je n'aimais pas l'homme aux aigles. Vous voyez donc, Monsieur l'héraldique, que vous êtes faible en chronologie. Mais le roi, à l'érection de mon majorat, m'a rendu mon ancienne devise, que les diverses branches de ma famille portent uniformément depuis quatre siècles, *quò justior eò ditior,* ce que vous traduirez à l'usage des municipaux des Beire, qui ne sont pas aussi lettrés que vous, qui avez fait votre théologie, et qui avez cet avantage sur moi, qui me mêle cependant de traiter quelquefois cette matière, mais avec prudence et discrétion, évitant, pour ne pas imiter votre exemple, de m'étendre sur ce que j'ignore.

Vous voyez, Monsieur, combien d'erreurs, de contre-vérités, de réticences fallacieuses, d'inexactitudes groupées dans un seul article, et cependant je n'ai pas encore fait mention de cette malheureuse comparaison que vous faites du nez de Socrate à celui de Ramponeau, quand pour compléter vos sept mensonges, vous dites contre toute vérité : *il dit que nous lui ressemblons seulement par le nez, etc.* Mais en vérité, vous extravaguez, je n'ai jamais dit une semblable sottise, Monsieur Carion, elle vous appartient toute entière; je venais au contraire d'affirmer qu'il n'y avait entre nous aucune similitude quelconque. Adopter votre opinion eût été comparer Goliath à David, et en me la prêtant, je le vois, vous ne vous étiez pas méfié de ma fronde, et tout pygmée que je suis, je ne me trouve nullement intimidé de combattre le géant Carion.

Pour ne pas abuser de vos momens, ajournons, Monsieur, la suite de notre conversation, car il me reste bien des choses à vous dire, et je sens qu'il faut vous laisser le temps de composer votre réponse expiatoire, de manière à ce qu'elle soit bien inoffensive, si après avoir commencé, vous avez quelque envie d'en finir.

Le Comte RICHARD DE VESVROTTE.

LETTRE

ADRESSÉE A M. LE RÉDACTEUR DU SPECTATEUR.

MES ADIEUX A M. CARION.

Dijon, le 5 janvier 1831.

Monsieur,

Je vous avais écrit que M. Carion faisait l'enfant; je ne dois donc pas vous laisser ignorer qu'il a grandi depuis, et est devenu un homme raisonnable; dans son adolescence il se refusait d'optempérer à mes instances exprimées dans différentes lettres, et notamment, dans une dont j'attends la première épreuve, pour la lui adresser avec les excuses d'un retard bien indépendant de ma volonté. Mais grâce à l'huissier Gagnerot, il s'est rendu à mes sollicitations, et se loue même de ses formes polies; en effet, je l'avais choisi parmi tous ses confrères, comme l'un de ceux qui, par ses manières arrondies, sait faire avaler avec le moins de désagrément possible une pilule amère. N'étant nullement dans l'intention d'écorcher le gosier du pauvre M. Carion, que j'avais appris par hasard, d'un pharmacien, être tristement occupé à lécher ses plaies, et auquel je mettais chaque jour la main sur la bouche, en lui disant : chut, ne parlez pas.

N'eut il pas été plus noble, plus sage et plus juste de la part du journaliste, en se voyant battu à plate couture, de dire en deux lignes : j'avais été mal informé et je suis peiné d'avoir été aussi crédule. Ce qui rétablissait tout dans l'ordre; plutôt que d'exprimer dans une longue et insipide note, les regrets cui-

ans d'une défaite, et quoiqu'expirant témoigner le
désir de se battre encore. Dans toute autre cause, une
semblable persévérance aurait son mérite, mais ici elle
constate son désespoir.

Toujours inexact dans ses récits, Monsieur Carion
amène un avocat chez moi, où je n'ai vu qu'un grand
et beau garde national, qu'il fait assez *long-temps
frapper à ma porte avec la crosse de son fusil,* sans
réfléchir qu'un avocat qui a autant d'esprit qu'un journaliste et plus de jugement que M. Carion, ne s'amuse
pas à casser son fusil contre une porte cochère munie
d'un gros marteau et d'une cloche, aussi sonna-t-il la
mienne et avec tout le droit possible, comme au feu ; on
y a couru (le texte porte : *à la fin on ouvrit...*) et comme
tous mes seaux avaient été emportés il y avait deux
heures par mon fils et tous les domestiques, ma
portière restée seule, se défendait d'en donner davan-
tage, quand rentrant au même moment et me trouvant
encore dans ma cour, j'ordonnai de voir dans mon écu-
rie, s'il n'en restait pas encore ; il s'en trouvait un que l'on
refusait d'emporter à raison de sa grandeur ; prenez le
toujours, leur dis-je, on ne le remplira qu'à moitié,
ce qui ne vient pas à l'appui du caractère et des
sentimens qu'a généreusement cherché à me prêter *le
libéral* Carion qui a cependant, pour cette fois, eu de la
pudeur, n'ayant plus employé ses belles majuscules à
signaler son *assez long-temps* qui a bien un petit degré
de parenté et même un assez grand, vu son obstination,
avec son précédent *refus.*

M. Carion ne répondra rien, dit-il, à mes quolibets
et à mes lazzis, et il fera bien, c'est le seul moyen de
s'en affranchir ; mais qui les a fait naître ? n'est-ce pas

sa sottise d'avoir mis le nez de Ramponeau et celui de Socrate en scène. Socrate toujours sage en rit. Ramponeau comme un sot s'en fâche. Que dira Pasquin après avoir pris connaissance de notre plaidoirie respective, il ne parlera ni de mon nez court, ni de votre gros nez, mais il dira en parlant de nous : celui-ci a le nez fin et celui-là a un pied de nez.

Permettez, Monsieur, que je m'adresse à M. Carion lui-même.

Je continue la lecture de votre note et je tombe sur des chiffres. Vous m'apprenez que vous faites timbrer 1060 feuilles, mais vous ne dites pas combien vous en imprimez et combien vous en réservez pour d'autre usage. Peut-être aussi pour épargner le temps, n'allez-vous au timbre qu'une fois par semaine, ce qui retomberait assez dans mon calcul. Mais j'admets ce nombre d'abonnés dont j'ai l'avantage de former une des unités. L'abonnement à 25 francs, prix moyen, le loyer de trois colonnes à 12 francs l'une, je vois net 34000 francs de rente; joignez à cela l'intérêt de votre cautionnement que nous connaissons bien assurément, celui de vos domaines que je ne connais pas du tout, votre imprimerie, vous avez de 40 à 50 mille livres de rente. Que ne le disiez-vous donc plutôt, vous savez combien la fortune donne de considération. D'un autre côté c'est peut-être par prudence de votre part, car vous savez également qu'il y a bien des gens qui n'aiment pas les riches, c'est peut-être pour cacher votre jeu que vous vous réunissez quelquefois à eux. Présentement que vous nous avez dit votre secret, moi qui passe pour riche et à qui il pleut en cette qualité, des souscriptions de bienfaisance ou des requêtes de nécessiteux, je ne manquerai pas, au sortir de chez moi dé leur donner votre adresse, car je viens de chercher, en vain, votre nom sur la liste du jury ou je voulais voir combien, sur un revenu aussi considérable vous veniez au secours de l'état, et je vous conseille dans la crise ou nous nous trouvons, forcés comme nous le sommes de prendre dans la poche d'autrui 80 millions dont vous ne fournirez encore rien, de faire un petit don gratuit que l'on acceptera sans doute car c'est une honte à un aussi bon patriote de payer aussi peu, tandis que moi qui n'en suis qu'un médiocre je paie beaucoup.

Que vois-je ? *ici, grâce au ciel, se terminera de notre part toute correspondance avec M. le comte,* et c'est dans votre journal que je lis cette consolante déclaration, que je sollicite et pour laquelle je travaille depuis deux mois. Dieu soit loué vous me faites tomber la plume des mains, car je n'écrivais que pour vous répondre et qu'en n'écrivant de sottises ni contre moi ni contre mes amis vous devez être bien certain que je ne troublerai pas votre repos, mais tenez parole au moins jusqu'à ce que j'aie fait payer les paris à ceux qui ont gagé que vous auriez le dernier.

Je ne vous le dissimule pas, vous éprouverez encore, Monsieur, une grande tentation et je vous en préviens afin que vous preniez d'avance vos mesures pour n'y pas succomber. Vous vous rappelez que ce qui a semé un peu de mésintelligence entre nous c'est l'imprudent attachement que vous avez témoigné à cet original de maire qui, pour m'indemniser d'une vexation innouïe jusqu'à ce jour qu'il venait d'exercer sur moi, est venu accuser, *dans votre journal,* mon administration de vexations, de despotisme et m'a traité de pacha. J'ai attendu jusqu'à

ce jour le résultat d'une enquête sur sa conduite et je
l'attends encore, mais je ne l'attendrai pas toute ma vie.
La commune de Beire, m'a-t-on dit, veut en faire justice
et réclame un maire plus sobre que celui qu'on lui a
donné et fait à cet égard une pétition. Mais qu'il reste
ou qu'on le chasse ce n'est pas de cela dont je m'occupe,
on sait bien que le passage d'une limace ne s'imprime pas
profondément, mais n'importe, elle laisse une trace dé-
goutante qu'il est convenable d'effacer. Voilà la pierre
d'achoppement, Monsieur Carion, prenez votre lanterne
et n'allez pas vous jeter dans le puits.

Le Comte RICHARD DE VESVROTTE.

NOUVEAU MODE

DE CORRESPONDANCE.

Monsieur Carion s'est trouvé tellement satisfait des
manières polies de l'huissier Gagnerot, porteur de ma dernière lettre qu'il paraît qu'il n'en veut plus recevoir que
de sa main, car ce matin même, à la suite de l'envoi fait
au Spectateur de mes adieux en réponse aux siens in-
sérés dans son journal d'hier, j'ai adressé par mon domestique une lettre à M. Carion pour une explication
particulière entre nous, laquelle je n'avais pas voulu par
ménagement pour lui, rendre publique; ma lettre a été
remise par mon domestique à la servante de M. Carion,
laquelle l'a rejoint dans la rue de Condé à son retour chez

moi, l'invitant à venir chez son maître qui désirait
parler, mon domestique a suivi la servante et arrivé ch
M. Carion, celui-ci a demandé si la lettre était de moi
sur sa réponse affirmative elle lui a été remise avec in
tation de me la rendre.

Voilà les faits; mais l'objet de ma dernière lettre n'ét
pas de nature à employer le ministère d'un huissier,
trouvant par la conduite de M. Carion privé des moy
ordinaires de communication, je me vois forcé d'avoir
cours à l'impression, pour faire parvenir à M. Carion
qu'il est indispensable qu'il sache, regrettant la pu
cité à laquelle il me contraint, mais qui devient né
saire pour mettre fin à une discussion déjà trop long
et qui deviendrait interminable.

Que M. Carion me sache gré de le tenir quitte
excuses et de la satisfaction qu'il me doit pour une
lomnie qui pouvait être involontaire de sa part dan
principe, mais qui devient odieuse et révoltante par
charnement qu'il y met, ce dont au surplus le public
plement désabusé, me dédommage, en attendant
la justice le fasse à son tour. M. Carion me demand
j'ai été élevé à l'école d'Escobard, il sait bien que
puisqu'il ne m'y a pas rencontré. Ah! le plaisant
tificat qu'il fait donner à son M. Auberteau, et
s'applique sur l'estomac comme un plastron pour p
mes bottes, il vaut bien le billet de la Châtre. Le s
signé certifie avoir dit : allons dans la chaîne, M.
Vesvrotte, portons de l'eau. C'est bien le cas de dire
verba volant. Que n'y a-t-il ajouté ma réponse. J
été fort curieux moi-même de connaître ce que, d
mon somnambulisme j'avais pu répondre à un hon
que je n'ai ni connu, ni vu, ni entendu. Allez, al

Monsieur Auberteau, convenez avec moi que si déjà vous étiez à la chaîne, vous n'avez fait qu'une gaucherie de venir encore vous fourrer dans cette galère. A mon tour je certifie la vérité des propos que vous m'avez tenus chez vous et que j'ai rapportés. Si ma visite un peu longue a fait réfroidir votre dîner qu'en vous quittant j'ai vu servi, ce n'était pas pour cela le cas de venir me mettre en réquisition pour vous servir ce plat de dessert.

Je dis adieu ici à M. Auberteau, M. Carion et à toute la compagnie.

Le Comte RICHARD DE VESVROTTE.

Dijon, le 5 janvier 1831.

LETTRE

Suscription,

A Monsieur,
Monsieur Carion, rédacteur du Journal de la Côte-d'Or.   A Dijon.

Dijon, le 5 janvier 1831.

MONSIEUR L'ABBÉ,

Permettez-moi une petite observation grammaticale qui sera pour aujourd'hui entre vous et moi, sans y admettre le public, car je viens d'envoyer mes adieux au Specta-

teur pour vous les faire parvenir et j'ai bien voulu sup-
porter en silence votre persiflage et vous faire grâce du
mien, il y a à cela quelque générosité, vous en convien-
drez, et de votre part bien de la témérité.

Vous n'aimez pas qu'on vous appelle M. l'abbé et moi
je ne permets pas qu'un journaliste m'appelle M. le comte
sans y ajouter mon nom, parce qu'il n'y a que mon cuisinier à qui j'accorde cette permission par la raison que
je suis pour lui le comte par excellence, mais pour vous
ni pour tout autre, ce n'est plus cela; ce qui est pour
lui une qualification respectueuse devient insolente dans
votre bouche, Monsieur; il y a de la différence d'un
cuisinier à un journaliste, et vous, Monsieur, vous m'avez
fait jusqu'à ce jour de trop mauvaise cuisine pour que je
vous accorde la même faveur qu'à lui.

Il est donc bien convenu pour l'avenir, que nous alter-
nerons ensemble, M. le comte vaudra M. l'abbé et pour
M. l'abbé vous êtes bien libre de dire M. le comte.

La présente, Monsieur l'abbé, n'étant à autre fin, je
prie Dieu qu'il vous ait en sa sainte garde.

Le Comte DE VESVROTTE.

P. S. Monsieur Carion voudra bien m'honorer d'une
réponse particulière, comme l'est cette lettre elle-même.